SHORT TALKS

앤 카슨
Anne Carson

서문에서 앤 카슨은 "쉰세 권의 낱책"에 "말해진 모든 것, 서로 아주 멀리 떨어져 있는 것들"을 받아썼으나 누군가 그것들을 상자에 넣어 잠가버렸으며 그들이 떠난 뒤 세 권의 낱책에 "놓친 부분들을 채워넣"었다고 밝힌다. 그렇게 남은 것은 『짧은 이야기들』 속 45편의 짧은 시, 무언가 중요한 것이 잘려나가버린 듯한 "언어의 그루터기"이다. 말들이 사라진 후에야 비로소 드러난 이 시들은 결핍과 침묵 사이로 드러나는 진실을 탐색한다. 오비디우스의 화려한 업적 대신 그의 외로움을 이야기하고 실비아 플라스를 작가가 아닌 어머니에게 이해받지 못한 딸로 불러내며 작은 목소리들을 하나의 합창으로 모은다. 쇠라에서 브리지트 바르도로, 송어에서 오비디우스로, 데생에서 음악으로 끊임없이 이동하는 시인의 사유는 결핍과 침묵에서 시작된 틈을 통과하며 끝내 새로운 의미와 감각의 장을 펼쳐낸다.

SHORT TALKS
by Anne Carson
Copyright ⓒ 1992 by Anne Carson

All rights reserved.

This Korean edition was published by Nanda Publishers in 2021 by arrangement with Anne Carson c/o The Marsh Agency Ltd. in conjunction with Aragi, Inc. through KCC(Korea Copyright Center Inc.), Seoul.

이 책의 한국어판 저작권은 KCC를 통해
The Marsh Agency와 그리고 Aragi, Inc와 독점 계약한 난다에 있습니다.
저작권법에 의해 한국 내에서 보호를 받는 저작물이므로
무단전재 및 무단복제를 금합니다.

SHORT TALKS
ANNE CARSON

짧은 이야기들
앤 카슨

황유원 옮김

ㄴㄴ〉〈ㄷㄴ

차례

서문 — 11

호모사피엔스에 대한 짧은 이야기 — 14

희망에 대한 짧은 이야기 — 16

색채광선주의에 대한 짧은 이야기 — 18

게이샤에 대한 짧은 이야기 — 20

저녁 9시 30분을 맞이한 거트루드 스타인에 대한
   짧은 이야기 — 22

그의 데생 실력에 대한 짧은 이야기 — 24

주택에 대한 짧은 이야기 — 26

음악에서 느낀 실망에 대한 짧은 이야기 — 28

여행을 어디로 갈 것인지에 대한 짧은 이야기 — 30

왜 어떤 이들은 기차에 마음이 들뜨는지에 대한
   짧은 이야기 — 32

송어에 대한 짧은 이야기 — 34

오비디우스에 대한 짧은 이야기 — 36

자폐증에 대한 짧은 이야기 — 38

파르메니데스에 대한 짧은 이야기 — 40

꽃따기에 대한 짧은 이야기 — 42

주된 것과 부수적인 것에 대한 짧은 이야기 — 44

원근법에 대한 짧은 이야기 — 46

많이 사랑받는 기쁨에 대한 짧은 이야기 — 48

브리지트 바르도에 대한 짧은 이야기 — 50

바로잡음에 대한 짧은 이야기 — 52

반 고흐에 대한 짧은 이야기 — 54

취침용 돌에 대한 짧은 이야기 — 56

뒤로 걷기에 대한 짧은 이야기 — 58

방수 처리에 대한 짧은 이야기 — 60

모나리자에 대한 짧은 이야기 — 62

최후에 대한 짧은 이야기 — 64

실비아 플라스에 대한 짧은 이야기 — 66

독서에 대한 짧은 이야기 — 68

비에 대한 짧은 이야기 ― 70

비쿠냐에 대한 짧은 이야기 ― 72

전부 수집하는 것에 대한 짧은 이야기 ― 74

샬럿에 대한 짧은 이야기 ― 76

아버지와의 일요일 저녁식사에 대한
　짧은 이야기 ― 78

밤의 젊은이에 대한 짧은 이야기 ― 80

데이만 박사의 해부학 강의에 대한 짧은 이야기 ― 82

서양란에 대한 짧은 이야기 ― 84

징역살이에 대한 짧은 이야기 ― 86

꿈에서 알게 되는 진실에 대한 짧은 이야기 ― 88

횔덜린의 세계의 밤의 상처에 대한 짧은 이야기 ― 90

비행기가 이륙할 때의 감각에 대한 짧은 이야기 ― 92

나의 과업에 대한 짧은 이야기 ― 94

쾌락주의에 대한 짧은 이야기 ― 96

왕과 그의 용기에 대한 짧은 이야기 ― 98

피신처에 대한 짧은 이야기 ― 100

당신이 누군지에 대한 짧은 이야기 ― 102

저자 후기 후기에 대한 짧은 이야기 ― 105

발문 ― 109

옮긴이의 말 ― 127

일러두기

* 각주는 모두 역주이다.
* 원문과 같이 영어가 아닌 외국어는 이탤릭으로 표기하였다.
* 원문에서 단어를 대문자로 표기해 강조한 부분은 굵은 명조로 표현했다.
* 국립국어원의 외래어 표기법을 따르되, 독자들의 편의를 고려하여 이를 따르지 않은 곳도 있다.

서문

어느 이른아침, 말들이 사라졌다. 그전까지는 그렇지 않았다. 사실들이 있었고, 얼굴들이 있었다. 아리스토텔레스는 우리에게 말하길, 훌륭한 이야기에서는 일어나는 모든 일에 원인이 있다고 한다. 어느 날 누군가가 별들은 있지만 말들은 없다는 사실을 알아차렸는데, 왜일까? 나는 많은 사람들에게 물어보았고, 그게 좋은 질문이라고 생각한다. 나이든 여자 셋이 들판에서 몸을 숙이고 있었다. 우리한테 물어본들 무슨 소용이 있겠어요? 그들은 말했다. 글쎄, 이내 분명해진 것은, 그들이 눈 덮인 들판과 청록색 새순, 그리고 시인들이 제비꽃으로 잘못 알고 있는 '무모함audacity'이라는 이름의 식물에 대해 모르는 게 없었다는 사실이다. 나는 말해진 모든 것을 받아쓰기 시작했다. 그 흔적들은 점차 자연의 어느 한 순간을 이루어낸다, 이야기story의 지루함 없이. 나는 이 점을 강조하고 싶다. 지루함을 피하기 위해서라면 나는 무슨 일이든 할 것이다. 그것은 인생의 과업이다. 당신은 결코 충분히 알 수 없고, 결코 충분히 일할 수 없고, 결코 충분히 부정사와 분사를 별스럽게 사용할 수 없고, 결코 충분히 동작을 심하게 지연시킬 수 없으며, 결코 충분히 마음으로부터 재빠르게 벗어날 수 없다.

쉰세 권의 낱책fascicle에, 나는 말해진 모든 것, 서로 아주 멀리 떨어져 있는 것들을 받아썼다. 나는 매일 같은 시간에 그 낱책들을 읽었고, 그러다 어제 사람들이 와서 그것들을 가져갔다. 그것들을 상자에 넣었다. 상자를 잠갔다. 그러고서 우리는 함께 풍경을 바라보았다. 그들의 지시는 명확했는데, 나는 물과 같은 거울을 모방해야만 한다는 것이다(하지만 물은 거울이 아니며 그렇게 생각하는 것은 위험한 일이다). 사실 나는 그들이 떠나길, 그래서 내가 놓친 부분들을 채워넣기 시작할 수 있게 되길 줄곧 기다리고 있었다. 그래서 내게는 (내가 숨겼던) 세 권의 낱책이 남았다. 나는 내가 적는 것에 주의를 기울여야만 한다. 아리스토텔레스는 개연성과 필연성에 대해 이야기하지만, 훌륭한 것은 경이로움이요, 훌륭한 것은 독룡 毒龍[1]이 나오지 않는 이야기이다. 음, 당신은 결코 충분히 일할 수 없다.

---

1 그리스 신화에 나오는 히드라를 가리킨다.

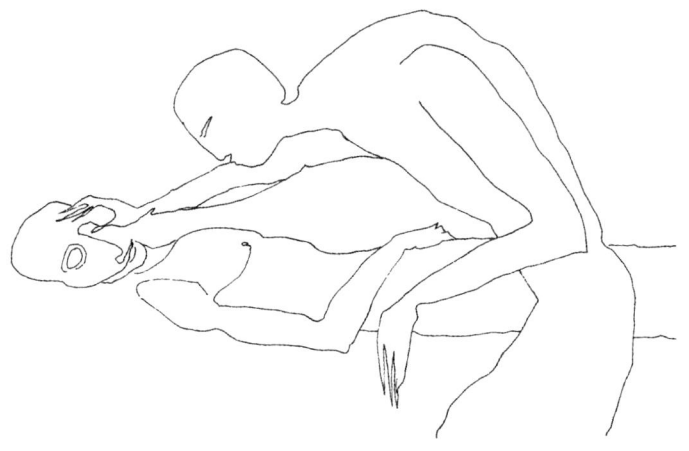

호모사피엔스에 대한
짧은 이야기

크로마뇽인 남자는 연장 손잡이를 조금씩 긁어내 달의 변화상을 기록했다, 작업하는 동안 그녀를 생각하면서. 동물들. 지평선. 냄비 속 물에 비친 얼굴. 이야기$_{story}$를 하다보면 어느 이야기든 내가 더는 볼 수 없는 지점이 생겨난다. 나는 그 지점이 정말 싫다. 그것이 사람들이 이야기꾼을 맹인이라 부르는 이유다 — 참 우스운 일이다.

희망에 대한 짧은 이야기

나는 조만간 완전히 고무로 된 집에서 살게 되기를 희망한다. 내가 방에서 방으로 얼마나 빨리 이동할 수 있을지 생각해보라! 한 번만 잘 튕겨도 벌써 거기겠지. 내게는 전쟁중에 소이탄을 맞아 양손이 녹아버린 친구가 있다. 이제 그는 저녁 식탁에서 빵 나눠주는 법을, 다시 한번, 배우게 될 것이다. 배움이 곧 인생이다. 실은 나는 오늘 저녁에 그를 초대하기를 희망한다. 배움은 인생과 같은 색깔이다. 그는 그런 말들을 해댄다.

색채광선주의[1]에 대한

짧은 이야기

햇빛은 유럽인들을 느긋하게 만든다. 쇠라의 그림에 등장하는 저 홀린 사람들을 보라. 깊숙이 앉아 있는 무슈[2]를 보라. 유럽인은 '생각에 잠겨 있을' 때 어디로 가는가? 쇠라 ─ 노련하고 눈부신 멋쟁이 ─ 는 그 장소를 그렸다. 그곳은 관심의 반대편에 자리한, 여기서 길고 나른한 보트 여행을 떠나야 도착할 수 있는 곳이다. 그곳은 토요일 오후라기보다는 일요일이다. 쇠라는 특별한 방식으로 이 사실을 명확히 했다. 우리가 물었을 때, 그는 다소 퉁명스럽게, 그게 내 방식*ma méthode*이라고 말했다. 그는, 간통을 범하는 사람처럼 서둘러 차가운 초록빛 그림자 속으로 들어가는 우리를 붙잡았다. 강은 돌로 된 입술을 열었다 닫았다 하고 있었다. 강은 자기 입술 쪽으로 쇠라를 밀어붙이고 있었다.

---

[1] 프랑스 화가 조르주 쇠라가 점묘법을 활용한 자신의 회화 사조를 일컬어 붙인 명칭. 줄여서 '색광주의'라고도 한다.
[2] 프랑스어에서의 남성 존칭.

게이샤에 대한
짧은 이야기

게이샤와 섹스는 늘 복잡한 문제였다. 하는 이도 있고, 안 하는 이도 있다. 당신도 알다시피 사실 최초의 게이샤는 남자들(어릿광대와 고수鼓手)이었다. 그들의 아슬아슬한 재담은 손님을 웃게 만들었다. 하지만 1780년 즈음에 '게이샤'는 여자를 의미하게 되었고, 다방이라는 화려한 사업은 정부의 관리를 받게 되었다. 어떤 게이샤들은 예술가였고 스스로를 '백白'으로 칭했다.[1] '고양이'나 '곡예사' 같은 별명을 지닌 다른 게이샤들은 매일 밤 넓은 강바닥 위에 판잣집을 세웠고, 그것들은 새벽이 되기 전에 모두 사라졌다. 중요한 것은, 열망할 수 있는 누군가였다. 누비이불이 길든, 밤이 너무 길든, 당신에게 주어진 잠자리가 이곳이든 저곳이든 간에, 기다릴 수 있는 누군가, 풀이 흔들리는 가운데 토마토를 손에 쥔 그녀가 찾아올 때까지.

---

[1] 검은 머리카락과 붉은 입술을 강조하기 위해 얼굴을 하얗게 화장했기 때문에 흰색을 의미하는 '시로(しろ)'라고 불렸다.

저녁 9시 30분을 맞이한

거트루드 스타인에 대한

짧은 이야기

정말 신기한 일이네. 전혀 몰랐어! 오늘이 끝났군.

/ 그의 데생 실력에 대한

짧은 이야기

그는 내가 작업실을 이리저리 돌아다니게 했다. 포즈를 취하게 하지는 않았다. 종이를 보지 않은 채 그렸다. 바닥 위에 그렸다. 선들을 따라가요, 주변을 살펴봐요, 라고 그는 말하곤 했다. 가느다란 팔이 얼굴을 더 슬퍼 보이게 한다. 그림자를 그리면서 그는 작아져갔다, 비열하게.

주택에 대한
짧은 이야기

집이 없으면 할 수 있는 게 하나 있다. 모자를 몇 개 써라—아마 세 개나 네 개쯤. 비나 눈이 올 경우, 젖은 것(들)을 벗어라. 다음으로, 집주인이 된다는 것은 의식儀式적 차원의 문제다. 의식은 주로 수평과 수직을 구분하는 기능을 담당한다. 집에서 하루를 시작하며 하는 일은 '일어나기get up'이다. 밤에 당신이 하는 일은 '눕기lie down'일 것이다. 나이든 페드로 아저씨가 차를 마시러 당신을 찾아왔을 때 당신이 하는 일은 '목소리를 높이기speak up'일 텐데, 요즘 들어 그의 청력이 '감퇴하는decline 중'이기 때문이다. 만일 그가 부인과 함께 온다면 당신은 부엌과 응접실을 반드시 '청소해두어야cleaned up' 하는데, 그렇지 않으면 그녀에게 점수를 '깎일fall' 수 있기 때문이다. 그들 둘이 소파에 나란히 앉아 담배 한 대를 나눠 피우는 모습을 바라보면서, 당신은 '기운이 솟는lift' 듯한 기분을 느낀다. 이러한 상승up과 하강down의 패턴들은 옷 위에 새긴 수평과 수직의 디자인을 통해 집 밖에서도 흉내낼 수 있다. 선들을 만들어내기란 어렵지 않다. 만일 당신이 내가 앞서 내린 지시를 이해했다면, 모자들은 당신 머리 위에 모자 그 자체로서 '쌓일pile up' 테니 너무 꾸밀 필요는 없다.

음악에서 느낀 실망에 대한
짧은 이야기

프로코피에프는 병이 들어서 다른 누군가가 연주하는 자신의 피아노 소나타 제1번 연주회에 참석할 수 없었다. 그는 그 연주를 전화기로 들었다.

여행을 어디로 갈 것인지에 대한
짧은 이야기

나는 잔해만 남겨진 곳으로 여행을 갔다. 그곳에는 약간 열린 채로 선 대문 세 개와 망가진 울타리가 있었다. 딱히 무언가 특별한 것의 잔해는 아니었다. 한 장소가 그곳에 와서 추락했다. 이후로 그 장소는 잔해만 남겨진 곳으로 남았다. 그 위로 빛이 떨어졌다.

왜 어떤 이들은

기차에 마음이 들뜨는지에 대한

짧은 이야기

그것은 이름들이다 노스랜드 산테 페 니켈 플레이트 라인 델타 점프 데이라이너 하트랜드 페이버릿 타지 익스프레스 그것은 길게 불이 켜진 창문들 안락한 좌석 담배 피우는 사람들 침대칸 플랫폼을 묻는 질문들 통로 너머에서 나를 쳐다보는 프랑스 여자 아무도 모른다 머리 위에서 딸깍 켜지는 작은 등 인광을 발하는 영역 무례를 범하지 않고자 조심스레 넘기는 페이지 물론 집에는 충실한 배우자가 있다 그것은 푸른 조차장 붉은 스위치 조명 뜯지 않은 초콜릿바 신기하게 구겨진 작은 발목 양말 시속 130킬로미터까지 올라가는 속도 덜컹이며 지나가는 다리 옆을 가득 메운 검은 나무들 독서용 안경은 그녀를 라신이나 보들레르처럼 보이게 한다 누구인지 모르겠어요 *je ne sais plus lequel* 그것들의 그림자를 그녀의 입안에 쑤셔 넣으며 누가 알겠어요 누가 알겠어요 *qui sait même qui sait*.

송어에 대한
짧은 이야기

하이쿠에는 송어에 대한 다양한 표현이 등장한다 ― 내가 들은 것으로는 '가을 송어' '내려가는 송어' '빛바랜 송어' 등이 있다. '내려가는 송어'와 '빛바랜 송어'는 알을 낳은 송어다. 완전히 지치고 탈진한 채, 그들은 바다로 내려간다. 물론 깊은 웅덩이에서 겨울을 나는 송어도 가끔 있었다. 이들은 '남아 있는 송어'라고 불렸다.

오비디우스에 대한 짧은 이야기

나는 오늘 같은, 그러나 검은 거리 사이로 달이 불어오는 시원한 밤에 그곳에 있는 그를 본다. 그는 저녁을 먹고 자기 방으로 돌아간다. 바닥에는 라디오가 놓여 있다. 라디오의 야광 녹색 문자판에서 나오는 소리가 나직이 울려 퍼진다. 그는 탁자에 앉는다; 유배중인 사람은 편지를 아주 많이 쓴다. 이제 오비디우스는 울고 있다. 매일 밤 이 시간쯤이면 그는 슬픔을 의복처럼 걸치고 글을 써내려간다. 짬이 나면 그는 누구도 읽지 않을 서사시를 쓰기 위해 혼자 그 지역 언어(게타이어)를 공부한다.[1]

---

[1] 『변신 이야기』로 유명한 로마의 시인 오비디우스는 시인으로서 최고의 명예를 누리던 어느 날 정확히 알 수 없는 이유로 흑해 서안의 토미스로 유배를 당했고, 다시 로마로 돌아가지 못한 채 그곳에서 10년간 비참하고 쓸쓸한 말년을 보내다가 세상을 떠났다. 유배 시절에 『흑해로부터의 편지』 등의 작품을 남겼다.

자폐증에 대한
짧은 이야기

그녀는 의사가 하는 말이 잘 들리지 않는다 그것은 덩치 크고 머리 희끗한 쾌활한 여자다 그것의 언어는 오붓하다 오글거린다 오물거린다 오해한다 오래됐다 오락이다. 오빠? 당신의 오빠에 대해 말해보겠어요? 그것이 쥔 연필의 뾰족한 끝부분에서 그게 무얼 먹을, 까요 빛을? 쥐의 비명소리보다 더 날카롭게 그녀의 뒤에 있는 벽을 조각낸다 그게 무얼 띈다 파란색 그리고 그것들을 붙잡는다 그녀 자신을 뿌리부터 잘라낸다 이제 웨일랜드에서 방황한다 세포막 어디로 무얼 돌아다닌다 돌아버린다 산산이 부서진 그 모든 조각들 그녀의 무얼 날아가버린다 대화로부터 그녀의 전 생애 그리고 먹을 계속 먹을 된다 그들이 어딘가에서 활개를 치고 다닌다고 하자 이를테면 센트럴 파크에서 먹을 먹을 먹을 어떤 피해를 입힐지 누가 알겠먹을 까요 빛을?

파르메니데스[1]에 대한 짧은 이야기

우리는 문명인이라는 사실에 자부심을 느낀다. 하지만 이런저런 것들의 이름이 완전히 달랐더라면 어땠을까? 이를테면, 이탈리아. 내게는 안드레아스라는 이름의 이탈리아인 친구가 있다. 그는 아르헨티나와 영국에 산 적이 있으며, 한동안은 코스타리카에서도 살았다. 그는 어디에 살든 사람들을 저녁식사에 초대한다. 수고스러운 일이다. 아티초크 파스타. 복숭아. 그의 환한 미소는 절대 사라지지 않는다. 이탈리아를 가리키는 고유명사가 브르조이Brzoy라면 어떨까?―안드레아스는 빛을 빌려온 달처럼 계속 떠돌며 세상을 여행할까? 나는 그가 한 말이나 그의 이유들을 우리가 오해하진 않았을까 두렵다. 이를테면, 그가 도시라고 말할 때마다 **망상**을 의미했던 것이라면 어쩌겠는가?

---

1 고대 그리스의 철학자로, 만물의 변화와 운동을 주장한 헤라클레이토스에 반대해 존재, 즉 일자(一者)의 영원한 불변성과 부동성을 주장하였다.

꽃따기[1]에 대한 짧은 이야기

인생에서 취할 수 있는 행동은 그다지 많지 않다. 들어가기, 가기, 몰래 가기, **탄식의 다리**를 건너기. 그리고 당신이 내게 모욕을 안겨줬을 때, 나는 그 모욕이 하나의 행동임을 알았다. 그건 베네치아에서의 일이었고, 그 일을 생각하면 성대가 부어오른다. 나는 쿵쿵거리며 다리 위아래로 베네치아를 휘젓고 다녔지만, 당신은 떠나고 없었다. 그날 늦게 나는 당신 동생에게 전화를 걸었다. 목소리가 왜 그래요? 그가 말했다.

---

1 defloration. '순결(처녀성) 빼앗기'라는 뜻도 있다.

주된 것과 부수적인 것에 대한 짧은 이야기

주된 것으로는 바람, 악惡, 훌륭한 군마軍馬, 전치사, 마르지 않는 사랑, 사람들이 왕을 택하는 방법이 있다. 부수적인 것으로는 먼지, 철학 학파들의 명칭, 기분과 기분을 느끼지 않는 것, 정확한 시간 등이 있다. 전체적으로 주된 것이 부수적인 것보다 많긴 하지만 그래도 여기 적은 부수적인 것들이 전부는 아닌데, 그렇다고 그것들을 더 나열하는 것은 힘 빠지는 일이다. 나는 이 글을 읽게 될 당신이, 무슨 엘렉트라처럼, 유릿조각을 두른 철망으로 당신 인생 자체와 분리되길, 포로로 붙들리길 원치 않는다.

원근법에 대한

짧은 이야기

질 나쁜 속임수. 끔찍한 실수. 완전한 부정행위. 이것이 브라크가 지닌 관점이다. 왜? 브라크는 원근법을 거부했다. 왜? 평생 옆얼굴만 그리는 사람은 결국 인간에게 눈이 하나뿐이라고 믿게 될 것이라고, 브라크는 느꼈다. 브라크는 대상을 완전히 장악하길 원했다. 그는 발표된 인터뷰들에서 그렇게 말했다. 풍경화에 담긴 작고 빛나는 평면들이 손아귀를 빠져나가는 것을 바라보면서 브라크는 상실감에 빠졌고, 그래서 그것들을 박살내버렸다. 죽은 자연[1], 이라고 브라크는 말했다.

---

1 *nature morte*. 정물화를 가리키는 비유적 표현.

많이 사랑받는 기쁨[1]에 대한 짧은 이야기

나는 매일 잠에서 깨자마자 당신을 생각한다. 누군가가 새들의 울음을 공기 중에 보석처럼 박아놓았다.

---

1 *le bonheur d'être bien aimée*. 에스파냐의 극작가 페드로 칼데론 데 라 바르카의 명언 "이 땅의 모든 보물을 다 합해도 사랑받는 기쁨보다 값질 순 없다"의 프랑스어 표현 "*Tous les trésors de la terre ne valent pas le bonheur d'être aimé*"를 일부 변형해 인용했다.

브리지트 바르도에 대한 짧은 이야기

브리지트 바르도가 무언가를 찾아 배회하고 있다. 그녀는 무엇을 원하나, 노예? 그녀의 허기를 채워주고 아름다운 사진을 찍어줄? 그것은 누구의 노예인가? 그녀는 신경쓰지 않는다, 그녀는 절대 자신을 책망하지 않는다. 그녀는 기름으로 노예를 반들반들하게 만들 것이다. 완벽하다. 미친 짓*La folie*이지, 그녀는 가만히 생각할 것이다.

바로잡음에 대한
짧은 이야기

카프카는 자기 시계를 한 시간 반 빠르게 맞춰두길 좋아했다. 펠리체는 계속해서 시계를 제시간으로 고쳤다. 그럼에도 그들은 5년의 시간을 함께 보내는 동안 거의 결혼할 뻔했다. 그는 결혼에 찬성하는 논거와 반대하는 논거의 목록을 만들었는데, 거기에는 자신의 삶이 퍼붓는 공격을 견딜 수 없음(찬성 측), 10시 30분에 부모님 침대 위에 펼쳐 놓인 잠옷을 보는 일(반대 측) 등이 포함되어 있다. 내출혈이 그를 구했다. 요양원에서 의사들로부터 말을 하지 말라는 충고를 들었을 때, 그는 온 바닥에 유리 문장들을 남겨두었다. 그 문장들 중 하나에 따르면, 펠리체의 내면에는 너무 많은 벌거벗음이 있었다.

반 고흐에 대한
짧은 이야기

내가 술을 마시는 이유는 노란 하늘 위대한 노란 하늘을 이해하기 위해서지, 라고 반 고흐는 말했다. 그는 세상을 바라보면서 존재들에 색채를 고정시키는 못들을 봤고 그 못들이 고통스러워하는 모습을 봤다.

취침용 돌에 대한 짧은 이야기

카미유 클로델은 인생의 마지막 30년을 정신병원에서, 의문에 사로잡힌 채, 입원 서류에 서명한 시인 남동생에게 편지를 쓰면서 보냈다. 날 찾아와줘, 그녀는 말한다. 내가 이곳에서 미친 여자들과 함께 살아가고 있다는 걸, 하루가 길다는 걸 기억해줘. 그녀는 담배를 피우거나 산책을 하지 않았다. 그녀는 조각하길 거부했다. 그들이 취침용 돌─대리석과 화강암과 반암─을 주긴 했지만, 그녀는 그것들을 모두 부숴버리고는 깨진 조각들을 모아 밤에 외벽 바깥에 파묻어버렸다. 밤이면 그녀의 두 손은 점점 크게 자라나서, 마침내 사진 속 두 손이 그녀 무릎 위에 놓인 다른 누군가의 신체 부위처럼 보이기에 이르렀다.

뒤로 걷기에 대한

짧은 이야기

어머니는 우리가 뒤로 걷지 못하게 했다. 죽은 자들이나 그렇게 걸어, 그녀는 말하곤 했다. 그녀는 어쩌다 이런 믿음을 품게 됐을까? 아마도 오역誤譯 때문이겠지. 어쨌거나 죽은 자들은 뒤로 걷는 게 아니라 우리 뒤를 따라오면서 걷는다. 그들은 폐가 없고 소리쳐 부르지도 못하지만 우리가 뒤돌아보기를 간절히 바랄 것이다. 그중 많은 이들이 사랑의 희생자다.

방수 처리에 대한
짧은 이야기

프란츠 카프카는 유대인이었다. 그에게는 여동생이 하나 있었는데, 이름은 오틀라, 유대인이었다. 오틀라는 법학자와 결혼했는데, 이름은 요제프 다비드, 유대인이 아니었다. 1942년에 보헤미아-모라비아에 뉘른베르크법[1]이 도입됐을 때, 말수 적은 오틀라는 요제프 다비드에게 이혼을 제안했다. 그는 처음에는 거부했다. 그녀는 잠의 형상들과 재산과 두 딸과 합리적 접근 방식에 대해 이야기했다. 1943년 10월에 그녀가 죽게 될 곳인 아우슈비츠는 언급하지 않았는데, 아직 그 단어를 알지 못했기 때문이다. 아파트를 정돈한 후 그녀는 배낭을 쌌고, 요제프 다비드는 그녀의 구두를 잘 닦아주었다. 그는 기름을 한 겹 발랐다. 이제 이 구두는 방수 구두야, 그가 말했다.

---

[1] 독일 내 유대인의 독일 국적을 박탈하고 유대인과 독일인의 성관계와 결혼을 금지하는 등의 조항을 담은 법. 훗날 홀로코스트라고 불리는 유대인 학살의 최초의 법적 근거가 되었다.

모나리자에 대한
짧은 이야기

그릇에 담긴 물을 다른 그릇에 쏟아붓기라도 하듯, 그는 매일 자신의 질문을 그녀에게 쏟아부었고, 그 질문은 다시 밖으로 쏟아져나왔다. 그가 자신의 어머니니 욕정이니 따위를 그리고 있었다는 말은 집어치워라. 물이 이 그릇에 담겨 있지도 않고 저 그릇에 담겨 있지도 않은 순간이 있다ー갈증은 엄청났고, 그는 캔버스가 완전히 텅 비게 되면 그 일을 멈추겠노라 생각했다. 하지만 여자들은 강하다. 그녀는 그릇을 알았고, 그녀는 물을 알았고, 그녀는 치명적인 갈증을 알았다.

최후에 대한

짧은 이야기

빛 light과 조명 lighting의 차이는 무엇인가? 렘브란트가 그린 「세 개의 십자가」라는 동판화가 있다. 그것은 땅과 하늘과 골고타 언덕의 그림이다. 한 순간이 그것들 위로 비처럼 쏟아져내리고, 동판은 점차 어두워진다. 어두워진다. 렘브란트는 형상으로부터 질료가 휘청대며 기어나오는 바로 그 순간, 당신을 깨워 그것을 보게 한다.

실비아 플라스에 대한

짧은 이야기

텔레비전에 그녀의 어머니가 나온 걸 보았는가?[1] 그녀는 평범한, 불타버린 것들을 말했다. 그녀는 말했다 난 그게 멋진 시라고 생각했지만 그 시는 내게 상처를 줬어요. 그녀는 말하지 않았다 정글 두려움이라고. 그녀는 말하지 않았다 정글 증오 거친 정글 흐느낌 잘라내 다시 잘라내라고. 그녀는 말했다 자제 그녀는 말했다 막다른 길. 그녀는 말하지 않았다 대기 중에 윙윙거리는 소리 당신이 온 이유 잘라내라고.

---

[1] 뉴욕비주얼히스토리센터(New York Center for Visual History)에서 1988년에 제작한 다큐멘터리 「실비아 플라스(Sylvia Plath)」를 가리킨다. 참고로 어머니가 상처받았다고 말한 플라스의 시는 「마음을 어지럽히는 뮤즈들(The Disquieting Muses)」이다.

독서에 대한 짧은 이야기

어떤 아버지들은 독서는 싫어하지만 가족 동반 여행은 좋아한다. 어떤 아이들은 여행은 싫어하지만 독서는 좋아한다. 이런 사람들이 종종 한 차의 동승자가 된다는 것은 얼마나 우스운 일인가. 나는 『마담 보바리』의 문단들 사이로 보이는 로키산맥의 거대하고 윤곽이 또렷한 어깨를 힐끗 바라보았다. 구름의 그림자들이 거대한 바위로 된 산맥 목구멍을 노곤하게 가로지르며 배회했고, 전나무로 뒤덮인 산맥 옆구리를 더듬었다. 그날들 이후로 나는 여성의 체모를 볼 때마다 늘 이 말을 떠올린다, **낙엽성** 落葉性?

비에 대한

짧은 이야기

내가 떠난 밤은 올리브보다 검었다. 내가 이상하리만치 기쁜 마음으로 궁전들을 지나 달릴 때 비가 내리기 시작했다. 어쨌거나 그것은 얼마나 대단한 생각인가 ─ 이 작은 모양들! 나는 그것들을 헤아리다 길을 잃곤 했다. 처음으로 빗방울을 헤아려볼 생각을 했던 사람은 누구였을까? 그는 그걸 다른 사람들에게 어떻게 설명했을까? 멀리 바다에도 비가 내리고 있다. 그 비는 누구의 머리 위로도 내리고 있지 않다.

비쿠냐[1]에 대한 짧은 이야기

신화적 동물인 비쿠냐는 페루 북부의 화산 지대에서도 잘 살아간다. 그 위로 빛이 떨어지며 우르릉거린다, 딸들에게 그랬던 밀턴처럼.[2] 저 소리가 들리는가?—그들은 소곤소곤 수를 헤아리고 있다. 도끼를 집어들 때, 귀기울여 들어보라. 발굽소리. 바람.

---

1 남미 안데스산맥 고원지대에 사는 야생 라마의 일종. 그리스신화에는 황금 양털을 찾으러 떠나는 이아손의 이야기가 있는데, 비쿠냐의 털이 황금빛이다.

2 『실낙원』의 저자 존 밀턴은 40대에 시력을 잃고 독서와 집필에 딸들의 도움을 받아야 했다. 아버지와 사이가 좋지 않았고 학문에도 관심이 없던 딸들에게 이는 탐탁지 않은 일이었다고 한다.

전부 수집하는 것에 대한
짧은 이야기

어린 시절부터 그는 세상의 모든 물건을 선반과 책장에 줄 세워 간직할 수 있게 되기를 꿈꿨다. 그는 결여를, 망각을, 심지어 단 하나라도 잃어버릴 가능성마저도 부정했다. 노아에게서 푸른 삼각형들의 형태로 질서가 흘러나왔고, 그의 분류법에 담긴 순수한 분노가 그를 에워싸고 솟구쳐 그의 생애를 집어삼킴에 따라, 그것들은 익사한 무수히 많은 다른 존재들에 의해 파도라고 불리게 되었다.

샬럿에 대한

짧은 이야기

미스 브론테 & 미스 에밀리 & 미스 앤은 기도를 끝낸 후 바느질감을 치워버리고 거의 11시가 다 되도록 셋이 줄을 지어 응접실 탁자 주위를 돌곤 했다. 미스 에밀리는 가능한 한 오래 걸었고, 그녀가 죽자 미스 앤 & 미스 브론테가 그 뒤를 이었다[1] — 그리고 홀로 남아 계속 걷고 있는 미스 브론테의 걸음소리를 듣고 있자니, 나는 이제 가슴이 아려온다.

---

[1] 샬럿 브론테, 에밀리 브론테, 앤 브론테 자매는 모두 요절했는데, 1848년에 에밀리가 서른, 1년 뒤 앤이 스물아홉, 또 그 6년 후 맏언니 샬럿이 서른아홉의 나이로 사망한다.

아버지와의

일요일 저녁식사에 대한

짧은 이야기

넌 저 의자를 제자리에 갖다놓을 테냐 아니면 꼭 자궁마냥 그냥 저기 내버려둘 테냐? (우리집 발코니는 산들바람이 불어오는 6월의 발코니다.) 넌 불화하는 욕망들로 일그러진 얼굴을 식사시간 내내 우리에게 들이부을 테냐 아니면 얼굴을 펴서 우리가 디저트라도 즐길 수 있게 해줄 테냐? (우리는 식탁 위에 있는 모든 것들의 모서리를 작고 견고한 은빛 규범들로 꾹 눌러둔다.) 넌 일요일 밤마다 그러는 것처럼 저 딱따구리 머리가죽 장식품들을 바라보며 입을 헤벌리고 있을 테냐 아니면 래티샤가 우리한테 클라리넷을 연주해주는 동안 조용히 입 다물고 앉아 있을 테냐? (영원한 일요일*Dimanche Éternel*이라는 브랜드의 시가를 피우는 아버지는 그 규범들을 재떨이로 사용한다.)

밤의 젊은이에 대한
짧은 이야기

밤의 젊은이는 차를 타고 절규 주위를 한 바퀴 돌았을 것이다. 절규는 도시 한가운데에 놓인 채 자신의 열기와, 장밋빛 웅덩이로 이루어진 살결로 그를 똑같이 쳐다보고 있었다. 무시무시한 용암이 그의 영혼에 비쳤다. 그는 달리며 그것을 빤히 쳐다보곤 했다.

데이만 박사의 해부학 강의[1]에 대한 짧은 이야기

너무 추운 겨울이어서, 브레이스트라트[2]를 걷다가 태양 아래에서 그늘로 들어갔을 때 두개골 아래로 물처럼 흘러내리는 온도 차가 느껴질 정도였다. 그것은 1656년의 굶주린 겨울, 블랙 얀이 엘셰 오티어라는 이름의 창부와 어울리기 시작했을 때였고, 한동안 그들은 잘나갔다. 하지만 얼음같이 차가운 1월의 어느 날, 블랙 얀은 포목 도매상의 집을 털다가 그만 들키고 말았다. 그는 달렸고, 넘어졌고, 한 남자를 칼로 찔렀으며, 1월 27일에 교수형을 당했다. 그러고서 그가 어떻게 되었는지는 당신도 잘 알고 있다: 데이만 박사는 추운 날씨 덕분에 블랙 얀을 사흘 동안 진실한 의술의 눈으로 관찰할 수 있었다. 혹자는 엘셰가 렘브란트의 그림을, 즉 그녀의 도둑 연인의 정면을 과격하게 축소함으로써 쪼개진 대뇌에 맨발바닥[3]이 거의 닿을 것처럼 보이는 그 그림을 본 적이나 있었을지 궁금해한다. 문제의 근원을 찾아내려면 더 깊이 절개해야 합니다, 라고 데이만 박사는 뇌를 머리카락처럼 양쪽으로 가르며 말한다. 그 안에서 슬픔이 주변을 더듬으며 기어나온다.

---

1 렘브란트의 그림 제목이다.
2 렘브란트의 고향인 네덜란드 레이던의 중심가에 위치한 거리 이름.
3 pure sole. '순수한 영혼(pure soul)'과 발음이 같다.

서양란에 대한 짧은 이야기

우리는 산 채로 파묻힌 사람들이기에 굴을 파면서 살아간다. 당신이 파는 굴은 내게 묘하게 방향을 잃은, 뿌리가 드러난uprooted 서양란¹처럼 보일 것이다. 하지만 향기는 불멸한다. 에밀리 디킨슨은 1883년의 한 편지에 다음과 같이 썼다, 한 **소년**이 **며칠** 전 애머스트에서 도망쳤는데, 어디로 가고 있느냐는 질문을 받고는 버몬트 아니면 아시아라고 대답했대요.²

---

1 대부분의 서양란은 뿌리를 밖으로 드러낸 채 흙이 아닌 공중에서 자란다. 'uproot'에는 '오래 살던 곳을 떠나다'라는 뜻도 있다.

2 에밀리 디킨슨이 엘리자베스 홀랜드에게 쓴 편지의 일부를 거의 그대로 인용한 것이다. 1883년이 아니라 1881년의 편지가 맞지만, 1883년이 에밀리 디킨슨의 조카가 세상을 뜬 해이므로 이렇게 쓴 것이다. 앤 카슨의 오빠 또한 마약 거래 혐의로 인한 체포를 피해 캐나다를 떠나 22년 동안 해외를 떠돌다 객사한 바 있다.

징역살이에 대한
짧은 이야기

이 불한당 놈들 딱 질색이야 *Je haïs ces brigands*! 어느 날 옴스크에서 눈을 번득이며 도스토옙스키를 지나쳐 성큼성큼 걸어가던 무슨츠키M-ski라는 이름의 고상한 양반이 말했다. 도스토옙스키는 안으로 들어가 두 손으로 뒤통수를 괴고 자리에 누웠다.[1]

---

[1] 도스토옙스키는 옴스크의 형무소에 복역하던 시절, 부활절 주간에 술에 취해 난장을 피우는 죄수들을 피해 마당으로 나갔다가 폴란드인 정치범 미레츠키(Miretski)가 "이 불한당 놈들 딱 질색이야"라고 한 말을 듣고는 기분이 나아져 들어온다. 하지만 누워서 어린 시절을 떠올리다가 죄수들을 이해하게 되고, 이는 자전적 단편 「농부 마레이(*Muzhik Marei*)」의 모티프가 된다.

꿈에서 알게 되는 진실에 대한

짧은 이야기

갑자스레 찾아온 진리에 붙들린 나는 새벽 4시에 깜짝 놀라 깨어났다. grip은 'gripe'로 발음될 때 마을, 도시, 거주지에만 적용되고, gripe는 'grip'으로 발음될 때 인간과 관련해서만 사용된다.[1] 꿈속에서 나는 이 진실의 두 부분이 여자들의 머리로 엮은 3마일짜리 밧줄로 연결되어 있는 것을 보았다. 그리고 바로 그 순간, 내가 밧줄을 잡아당기자마자, 답해야만 했던 남성과 여성의 영혼 살인에 대한 모든 질문이 부서지더니, 내가 잠들어 있던 바위틈 속으로 다시 덩어리째 떨어졌다. 우리는 다시 반반으로 갈라졌다, 우리는 언어의 그루터기다.

---

[1] grip과 gripe 모두 '단단히 붙들다' '지배하다'라는 뜻이다.

횔덜린의 세계의 밤[1]의 상처에 대한

짧은 이야기

오이디푸스 왕에게는 불필요한 눈이 하나 더 달려 있었는지도 모른다[2], 라고 횔덜린은 말하고는 계속 올라갔다.[3] 수목한계선 위쪽은 소맷부리 안쪽만큼이나 텅 비어 있다. 바위는 계속 남아 있다. 이름들은 계속 남아 있다. 이름들은 쉭쉭거리며 그의 위로 떨어졌다.

---

1 '세계의 밤'은 하이데거가 「무엇을 위한 시인인가?(*Wozu Dichter?*)」에서 사용한 개념으로, 그는 여기서 횔덜린이 「빵과 포도주(*Brot und Wien*)」에서 쓴 "궁핍한 시대"라는 표현을 '세계의 밤'으로 해석하고 있다. 그에 따르면 시인은 세계의 밤의 시대에 성스러움을 노래하는 존재이며, 그런 까닭에 세계의 밤은 성스러운 밤이다.

2 횔덜린이 썼다고 여겨지는 산문시 「사랑스러운 푸르름 안에……(*In lieblicher Bläue*…)」의 한 구절.

3 횔덜린은 인생 후반 37년을 네카 강변의 옥탑방에서 보냈다.

비행기가 이륙할 때의

감각에 대한

짧은 이야기

글쎄 내가 궁금해하는 거 알잖아, 그건 엄청 싸잖아 얼른 사자! 하고 외치며 두 팔을 번쩍 든 채 내 인생을 향해 달려오는 사랑일 수도 있어.

나의 과업에 대한

짧은 이야기

나의 과업은 세상을 위해 비밀스러운 짐을 나르는 것이다. 사람들은 신기하다는 듯 쳐다본다. 이를테면 어제 아침 동틀녘, 당신은 방파제에서 쇠그물을 나르고 있는 내 모습을 볼 수도 있었다. 나는 또한 대개는 때에 맞지 않는 생각과 죄악을, 또는 바로 이 시간까지도 당신과 더불어 격하되어온 모든 잘못된 행동을 나르기도 한다. 내 말을 믿으라. 총총걸음으로 걷는 동물은 붉은 심장을 다시 붉게 되돌릴 수 있다.

쾌락주의에 대한 짧은 이야기

아름다움은 나를 절망하게 한다. 왜 그런지는 더이상 알고 싶지도 않다 나는 그저 벗어나고 싶을 뿐이다. 나는 파리라는 도시를 보면 그것을 양다리로 휘감고 싶어진다. 나는 당신이 춤추는 모습을 보면 죽은 듯이 고요한 바다의 선원처럼 비정한 무한함을 느낀다. 복숭아처럼 둥근 욕망이 내 안에서 밤새 피어나고, 나는 더이상 떨어지는 것들을 주워모으지 않는다.

왕과 그의 용기에 대한
짧은 이야기

그는 어떻게 시작하면 좋을지에 대한 염려를 가득 짊어지고 깨어났다. 그는 맷돌이 놓인 침대를 돌아보았다. 그는 당대의 가장 유명하고 실험적인 감옥인 세상을 내다보았다. 고문용 말뚝 너머로 그는 볼 수 있었다, 무無[1]를. 그럼에도 그는 볼 수 있었다.

---

1 nothing. 쉼표를 떼고 읽으면 이 문장은 "그는 아무것도 볼 수 없었다"로도 읽힌다.

피신처에 대한

짧은 이야기

당신은 물고기의 심장으로 벽에 글자를 쓸 수 있는데, 그것은 인燐 성분 때문이다. 그들은 인을 먹는다. 아래쪽 강가를 따라 그런 판잣집들이 있다. 나는 가능한 한 당신에게 잘못되어 보이기 위해 이 문장을 쓴다. 나갈 때 문을 제자리로 해 replace[1], 라고. 이제 그게 얼마나 잘못됐는지 wrong, 얼마나 오랫동안 long 빛나는지 내게 말해보라. 말해보라.

---

[1] 'close'를 써야 자연스러운 자리에 'replace'를 잘못 썼기 때문에 이 문장은 "나갈 때 문을 교체해"로 읽힐 수도 있다.

당신이 누군지에 대한

짧은 이야기

나는 당신이 누군지 알고 싶다. 사람들은 황야에서 들려오는 목소리에 대해 이야기한다. 구약성경 내내 하나의 목소리, **신**의 목소리는 아니지만 **신**이 어떤 생각을 품고 있는지는 아는 목소리가 울려퍼진다. 내가 기다리는 동안, 당신은 내 부탁을 들어주시길. 당신은 누구인가?

저자 후기

후기에 대한

짧은 이야기

후기는 재빨리 피부를 떠나야 한다, 소독용 알코올처럼. 여기 그 예가 하나 있는데, 에밀리 테니슨[1]의 할머니가 자기 결혼식 날인 1765년 5월 20일에 남긴 일기의 전문은 다음과 같다:

『안티고네』를 다 읽었고, 주교와 결혼했다.

---

[1] 영국의 시인 앨프리드 테니슨의 아내로, 테니슨의 몇몇 시들을 음악으로 만들었으며 테니슨의 사후에 아들과 함께 테니슨의 전기를 쓰기도 했다.

발문

유리, 슬래그 :
앤 카슨의 대충 깎아 만든 흐름들에 대한
짧은 이야기

캐나다의 온타리오는 북부 지방이 아니지만, 만일 당신이 온타리오의 북부 어느 지역에서 반년이라도 산 적이 있다면 부엌에 앉아서 창밖의 "얼음으로 마비된"(앤 카슨, 「유리 에세이」, 『유리, 아이러니 그리고 신』[1], 1995) 들판을 내다보며 겪는, 영혼을 베어내는 듯한 문제가 무엇인지 알 것이다. 겨울은 정신의 날씨. 세상일에 대해 당신이 지닌 권한을 너무 뻐기지 말고, 변화의 원동력으로서의 지루함을 어떻게 이해하면 좋을지에 대한 해결책을 마련해보라. 생각 주변의 침묵은 전체 생각의 일부이다.

4월이지만, 여전히 모든 게 얼어 있다. 나는 서드베리[2]에 있는 어머니의 집 부엌에 있다. 나이드신 어머니를 돌보고 앤 카슨의 『짧은 이야기들』, 그러니까 한 편 한 편이 인간 조건에 대한 지진과도 같은 대장일을 담고 있는 시

---

[1] 앤 카슨, 『유리, 아이러니 그리고 신』, 황유원 옮김, 난다, 2021.
[2] 온타리오주 남동부에 위치한 인구 15만 명의 소도시.

적 발화인 45개의 짧고 팽팽한 직사각형이 실린 이 책에 대해 생각해보기 위해 이곳에 왔다. 온타리오 북부의 겨울의 화이트아웃[3] 효과를 바라보는 동안, 창틀이 서사시적인 외부 장면과 대비되는 **내면화된 당신**을 설정해주고 있다는 사실이 즉각 분명해진다. 시적인 생각―고독에 대한 응답으로서의 들끓는 상상력―은 용광로다. 소도시의 경고등이 깜빡거린다. 생각이 지나치면 개 같은 일이 벌어지고 말 거야.

화자가 있다는 사실이 실마리다. 『짧은 이야기들』은 그 누구의 자극된 목덜미도 정면으로 드러내지 않는다. 이것은 페르소나를 표현하는 개별 목소리들의 합창에서 들려오는 간접적인 발화의 책이다. 많은 독백들이 묘사에 관심을 기울인다. 시각예술에서의, 그리고 몸이 연구된 대상이거나 어쨌든 외과적으로 등장하는 환한 공간들의 환상 속에서의 몸의 묘사에, 화자들이 어떻게 예언자적 권위를 구축하는지에 대한 역사적 관점들의 묘사에, 망가진 가정과 판잣집을 포함한 몸의 거주지들과 관련된 몸의 묘사에, 이사를 나가서 이동하거나 실제 공간들에서 잠 속으로 이행하는 떠도는 몸의 묘사에 말이다. 몸들은 또한 운송 수단에도 자주 등장하면서 자동차와 기차

---

[3] 눈이나 햇빛의 난반사로 주변이 온통 하얗게 보이는 현상.

와 텔레비전을 통해 시간과 공간을 가로지른다. 각각의 시들은 우리로 하여금 새로운 목소리들을 의식하게 만들고, 우리로 하여금 "누가 말하고 있는 거지?"라고 묻게 만든다. 낯선 것들 사이에서 다시금 자리를 잡아야만 하는 상황이 기이하게도 익숙해진다.

내가 『짧은 이야기들』을 처음 손에 넣은 때는 이 책이 원래 출간되었던 1992년이었다. 독창적으로 간결한 이 일련의 산문시들을 카슨이 이후에 보여준 실험적인 혼종 장르적 작품들, 현시점에서 보자면 아마도 목소리와 관계된 작시법으로의 점진적 이입으로 가장 잘 특징지어지는 작품들을 감안해서 다시 읽어보는 것은 흥미로운 일이다. 『짧은 이야기들』은 카슨이 서정시적인 정신의 무대를 보여주는 것으로부터 인물들 사이에서와 가운데서 일어나는 조우를 무대에 올리는 것으로 옮겨 가기 이전의 순간이다. 이러한 궤적의 관점에서 보면, 『빨강의 자서전』의 게리온은 하나의 계시였다. 인물과 목소리의 상연은 카슨 자신의 시적 픽션들에서만 나타나는 것이 아니었다. 그가 현대에 맞게 번역한 그리스비극들은 시를 픽션과 드라마로부터 줄곧 구분하는 그러한 서술을 변질시킨다.

지난 몇십 년간 카슨은 아주 오래된 시를 아주 새로운 시의 표면 위로 어떻게 끌어올리는지를 우리에게 보여줘왔다. 그의 작품군은 기대, 욕망, 통찰력, 공포, 수치심과 저항을 독창적이고, 간결하지만 함축적이고, 제멋대로인 방식으로 극화하는 것으로 유명하다. 창틀들은 폭발했다. 다량의 누출 및 불과 용암의 맹공이 무언가 난폭하게 재건적인 것과 형식상 나란히 등장하는 이 책 속 모든 시들은, 인식과 필연적 죽음과의 어떤 일상적이고 주술적이며 극도로 개인적이고 넘치도록 합창적인 조우와 관련된 뚜렷한 특성들의 발전을 원동력으로 삼는다.

*

생각하는 것은 보는 것과 관련되어 있다. 비록 지금은 4월 말이지만, 헐벗은 가지들이 기이하게 파랗고 까칠까칠한 그림자를 드리우며 연극을 상연하고 있다. 슬픔과 분노 역시 그러하다고, 나는 생각한다. 온타리오 북부에서는 눈에 비치는 것들이 장난을 치면서, 순백에 명료하며 그림자 색이 끊임없이 변하는—파란색, 남색, 연보라색, 남자주색, 회색, 흑옥색으로—대지 위에 새겨지는 왜곡된 형상에 대한 인식이 고양된다. 어쩌면 창문이 『짧은 이야기들』을 다시 읽어보는 이 작업에서 동료가 되어주었기 때문일지도 모르겠는데, 나는 쇠라의 인상주의—"관심의 반대편에 자리한 (…) 곳"(「색채광선주의에 대한 짧은 이야기」)—"잠의 형상들"(「방수 처리에 대한 짧은 이야기」)과 "푸른 삼각형들"로 보인 "파도"(「전부 수집하는 것에 대한 짧은 이야기」)에서처럼, 시각적 디상블라주와 추상적 개념들과 더불어 빛과 어둠, 그림자에 관한 인식에 대해 카슨이 느끼는 넘치는 매혹에 감동을 받았다. 겨울의 전경소景과 결혼하기라도 한 사람처럼, 카슨은 "작고 빛나는 평면들"(「원근법에 대한 짧은 이야기」)의 경우에서 그러하듯이 광택과 발광성의 광학 효과로, 「피신처에 대한 짧은 이야기」의 인燐이 함유된 심장의 경우에서 그러하듯이 자연적이고 화학적인 광채 효과로 관심을 끈다. 반사력은 정신의 상태—"무시무시한 용암이 그의 영혼에 비쳤다"(「밤의 젊은이에 대한 짧은 이야기」)— 를 반영하는가 하면, "기름으로 노예를 반들반들하게 만들" 브리지트 바르도가 등장하는 「브리지트 바르도에 대한 짧은 이야기」와 뉘른베르크법이 도입된 후 남편과 딸들을 지키기 위해 떠나는 아내에게 비유대인 남편이 가슴 아프도록 부적절한 기름으로 "구두를 닦아"("이제 이 구두는 방수 구두야, 그가 말했다")주는 「방수 처리에 대한 짧은 이야기」에서는 번드르르한 힘의 도덕적 윤곽선을 나타내기도 한다.

카슨은 자신에게 그림이 글보다 훨씬 더 큰 예술적 도전이며 훨씬 더 큰 몰입이라고 말한 바 있다. 『짧은 이야기들』의 여러 시들은 시각예술의 이미지―소묘, 인물화, 원근 표현, 채색, 조각, 조판술과 사진술의 과정들―를 레퍼런스로 삼는다. 물질 세계를 관찰하고 기록하고, 시각선視角線들을 따라가고, 시야를 방해하거나 약화시키고, 사색에 잠기게 되고, 못 보게 되거나 기괴한 광경을 보게 되고, 안 보이게 되며/되거나 사라지게 되고, 추방되는 것과 관련된 주제들과 시나리오들 가운데 작가들과 유럽의 화가들―렘브란트, 다빈치, 반 고흐, 클로델, 브라크―이 거명된다. 이는 인식과 오인誤認과 관련된 친숙한 포스트모던적 수사법이지만, 거기에는 뭔가 물질적인 것―장소를 실제로 응시하는 듯한 어떤 분위기와 태도―또한 존재한다.

창밖을 내다보면서, 그래, 나는 겨울에, 4월에, 서드베리에서 지평선을 알아보는 게 얼마나 어려운 일인지를 깨닫는다. 아득히 먼 곳의 흰 선은 블랙홀이고, 그 역逆 또한 마찬가지다. 만일 당신이 먼 지평선을 구부정한 자세를 한 채 향해 갈 수 있는 일종의 미래의 척도로 생각하길 좋아한다면, 음, 당신은 좀 엿 된 거다. 고정될 수 없는 활기찬 가장자리에서 감각들은 뒤섞이고 모순되면서 고양된 인식의 장場을 만들어내고, 나는 카슨의 시들 또한 "먹을 까요 빛을" "새들의 울음 (…) 보석처럼" "빛이 (…) 우르릉거린다" "절규는 (…) 쳐다보고 있었다" 그리고 "태양 아래에서 그늘로 들어갔을 때 두개골 아래로 물처럼 흘러내리는"에서처럼 공감각적으로 재치 있는 말들을 만들어낸다는 사실을 알아차린다.

『짧은 이야기들talks』에 대해 생각하고 있자니 다른 북부의 감각들이 솟아오른다. 그것들의 몰입감 있는 간결함은 육체적 한계에 대해 말하면서, 나의 귀로 하여금 아주 추운 장소에서 할 수 있는 짧은 산책walks을 떠올리게 한다. 발걸음을 내디딜 때마다 눈은 밟혀서 뽀드득거리며crisp 보행자, 음향에게 말대답을 하고, 또한 인간의 피부도 빠르게 파삭파삭crisp해진다. 몸에는 간결한 웅변술이 요구되고, 화창한 날에 기분을 들뜨게 하는 눈雪은 앞이 보이지 않을 정도로 눈을 부시게 한다. 이런 생각들이 머릿속을 지나간다: 꾸물대지 마, 푹 빠져, 얼음의 빛이 만들어내는 블랙홀을 조심해. 백열광, 유리는 어떻게 만들어지는가, 우선 불길 속에서 불타오르고, 그러고는 냉각.

*

앤 카슨의 더없이 과격한 최근작 『레드 닥>』과 관련지어 『짧은 이야기들』을 생각하기란 어떤 면에서는 어려워 보이지만, 그와 같은 시기에 쓰인 「유리 에세이」는 카슨의 향후 장편소설, 번역 작품과 장르를 넘나드는 작품들의 '시노그래피'[4]를 예고하는 작품이다. 2002년에 윌 에이킨과 함께한 엄청난 『파리 리뷰』 인터뷰에서 카슨은 이 작품이 어떤 의미에서 실패작이라고 말하지만, 나는 단지 이 작품이 초기작이며 서정시-고백파의 양식을 띠고 있어서 카슨이 그렇게 말한 것은 아닐까 하고 생각한다. 「유리 에세이」의 '나'는 어머니를 방문하기 위해 집으로 돌아온 여성 작가이다. 그녀는 어머니의 집에 있다. 연인인 '로우Law'는 그녀를 떠났다. 그녀는 이야기로 남아 있는 기록에 (살아 있는) 남자와의 섹스가 포함되어 있지 않은(**신**은 가능성으로 남아 있다) 삶을 산 것으로 보이는 여성 작가 에밀리 브론테에 깊은 관심을 가지고 있다. 성적 에너지가 현재를 초월한다는 개념이 충만해지는데, 이 에너지는 지하에서 지상으로 나오는 번개, 고독의 형태를 지워버리기 위한 가상의 불꽃이다. 『짧은 이야기들』에도 브론테 자매들이 등장하긴 하지만, 에밀리의 이른 죽음이 다른 둘에게 남긴 흔적과 더불어 앙상블을 이루는 방식으로 등장할 뿐이다.

"인간은 다양한 방식으로 포로가 될 수 있다"고 주장하는 카슨의 에밀리 브론테를 온타리오 북부의 얼어붙은 호수로 옮겨놓기란 쉬운 일인데, 왜냐하면 카슨이 그녀

---

[4] scenography. 연극 등 공연 예술에서의 배경 도법.

를 내가 알아보는 풍경의 독특한 요소들과 함께 위험한 담론 속으로 밀어넣었기 때문이다—"빛의 칼로 내 몸에 새겨지는 / 4월의 헐벗은 푸른 나무들과 빛바랜 나무 같은 하늘." 「유리 에세이」는 에밀리를 "심지어 집 안에서도 비사교적"인 사람, "감옥, / 지하실, 우리cage, 창살, 마구馬具, 재갈, 빗장, 족쇄, / 잠긴 창문, 좁은 창틀, 아파하는 벽"에 대해 쓴 "누구에게도 붙잡히지 않"은 "날것 그대로의 작은 영혼"으로 그린다.

이러한 묘사는 텍스트를 오가며 읽어보게 만든다. 『짧은 이야기들』은 구속적인 틀, 역사적이고 시간적인 광활한 영역으로부터 분석해[5] 모은 발화 행위, 그리고 단편적인 생각의 배열에 공을 들인 작품집이기 때문이다. 책 전반에 걸친 문화적 레퍼런스의 광범위한 총합이 너무나도 마음을 사로잡는 까닭에, 툭 터놓고 이야기하는 데 어려움을 느끼는 평범한 가족들이 주고받는 목소리는 간과해 버리기 쉽다. 나는 대화 부분에서 넌지시 드러나는 소도시의 분위기를 감지하기 시작한다. 너무 자만하지 말라. 구체화는 흥미롭게도 위태로움에 처해 있다. 『짧은 이야기들』의 거의 끝부분에 나오는 "내게 말해보라"와 "내 말을 믿으라" 같은 명령문들은 한순간도 단순하게 들리지

---

[5] parse. 문법 용어로, 문장을 구성 요소로 분석/해부한다는 뜻이다.

않는다.

소도시. 에이킨과의 인터뷰에서, 카슨은 아버지가 지점에서 근무하는 은행원이었던 까닭에 온타리오의 이 마을 저 마을로 옮겨다니며 어린 시절을 보냈다고 설명한다. 하지에 태어난 (게자리로 넘어가기 직전의 쌍둥이자리 태생인!) 그는 토론토의 포트호프에서 10대 시절을 보냈으며 잘 알려져 있다시피 그 시절에 라틴어와 그리스어를 접하게 되었다. 하지만 그보다 더 이전에 카슨은 대도시에서 멀리 떨어진 곳, 스토니포인트(윈저 근처에 위치한 충분히 쌀쌀한 곳으로, 벌목업의 역사와 보다 최근에는 토착민 주의로 유명한 소도시)와 티민스(진짜 최상의 **겨울**을 경험할 수 있는 곳—이를테면 1958~59년의 겨울에는 10월 1일부터 5월 17일까지 눈이 내렸다)에 산 것으로 보인다. 나는 겨울 수학여행 때 티민스에 한번 가본 적이 있다. 세상에나. 온타리오 북부에도 정말 소도시가 있다.

서사시적 겨울에 특화되어 있다는 사실 외에도, 20세기 중반의 티민스는 금 채굴의 세계적 중심지였으며, 자연력처럼 절대적이고, 아래에는 굴이 뚫려 있고, 흙은 파헤쳐져서 자본가를 위해 끊임없이 갈리던, 공업적으로 뿌리 덮개가 덮여 있는[6] 황무지의 모습이었고, 그곳에서

---

6 뿌리 덮개(mulch)는 갓 심은 작물이나 나무를 보호하는 톱밥, 퇴비, 종이, 비닐 등

용융 슬래그[7]가 쏟아지던 모습은 한 편의 영화와도 같았다. 그러니 우리가 「서양란에 대한 짧은 이야기」의 이 구절을 어떻게 다시 읽어보지 않을 수 있겠는가? "우리는 산 채로 파묻힌 사람들이기에 굴을 파면서 살아간다." 앞창 밖으로 나는 내 고향의 분지, 내가 아이였을 때 대지의 내장인 니켈을 제련하고서 생긴 불꽃과도 같은 오렌지 빛 찌꺼기가 밤마다 쏟아지던 그곳을 발견한다. 멋진 산책이라고 해봤자 아이스크림 하나 들고 파자마 차림으로 스테이션왜건에 올라 쏟아지는 용암과 매우 흡사한 무언가를 보는 게 다였다. 재에서 재로 돌아가는 일은 이제 잊도록 하자. 당신은 당신의 차가운 몸이 끈적끈적한 불에 먹히는 모습을 거듭 상상했다. 이 세상에 더 나쁜, 혹은 더 나은 죽음이라는 게 있을 수 있을까?

카슨이 절제된 규칙을 효율적으로 사용하고 있긴 하지만, 우리의 시인은 쾌활하지도 멀쩡하지도 않다. 『짧은 이야기들』에는 지질구조적 감정이라는 자원이 거의 끝없이 파묻혀 있다. 이 파묻힌 분노는 「유리 에세이」의 표면 가까이에 있으며, 화자가 꾸는 화산에 대한 꿈들은 분

을 뜻한다. "공업적으로 뿌리 덮개가 덮여 있는"이라는 말은 작물이나 나무를 보호하기 위해서가 아니라 공업적 목적으로 그것과 비슷한 것들이 덮여 있다는 뜻이다.

7 molten slag. 용접 중의 용융(熔融) 상태에 있는 슬래그, 슬래그는 '광석을 제련한 후에 남은 찌꺼기' 혹은 '화산암 찌꺼기'를 뜻한다.

노여서 "푸르고 검고 붉은 무언가가 분화구를 폭발시킨다."「유리 에세이」의 화자는 자기 자신과 짧은 이야기를 나눈다. "다시 예뻐지고 싶어, 그녀가 속삭"인다. "나는 영원히 날 사랑한다고 말했던 가짜 친구에게 악담을 퍼붓고 싶어. 쾅." 그녀는 에밀리의 시에 만연한 보복적인 분노에 대해 언급하고, 사람들과 교류하지 않고 산 에밀리가 어쩌다 "인간에 대한 신뢰를 잃고" 말았는지를 궁금해한다. 그녀는 왜 에밀리 자신의 분노가 에밀리를 움켜잡는지를 안다고, 그리하여 로우의 사랑을 잃게 된 배신의 순간이 "충격적"이고 전염력을 지닌 순간이라고 주장한다.

『짧은 이야기들』에 실린 많은 시는 생각에 빠진 사람의 고독을 암시하며, 때로는 허탈한 물리적 참석 혹은 대리인을 암시하기도 한다(「음악에서 느낀 실망에 대한 짧은 이야기」).「유리 에세이」는 에밀리 브론테의 시가 외로움에 대한 짧은 이야기를 들려준다는 사실을 더욱더 공공연히 암시한다. "마음은 어린 시절부터 죽어 있었다. / 슬퍼해줄 이 없이 육신을 떠나보내리." 화자는 "외로움을 유예하는 한 방법은 신을 개입시키는 것"이라고 추정하며 브론테의 외로움이 **그대**Thou, 즉 그녀의 **신**과 일종의 영원한 대화를 나누고 있다고, 그리고 이런 방식을 통해 그 신과 함께하고 있다고 넌지시 말한다. 화자는 열한

살 때 차 뒷좌석에 앉아서 ― 전형적인 1960년대 핵가족의 풍경 ― 부모님의 두 머리 사이로 오가는 짧은 이야기의 해독을 시도했던 일화, 그러고는 어머니가 전화로 하는 말을 엿들었던 일화로 슬며시 넘어간다. "글쎄 여자는 뺨에 해주는 키스 정도로도 행복해할 / 때가 많지만 **너도 남자란 것들이 어떤지 알잖니.**"

「유리 에세이」의 화자는 나이들어가는 부모님을 보살피는 일에 말려드는 것과 그들로부터 확실한 비판적 거리를 두는 것 둘 다에 대해 분명히 말한다. 병들어 장기요양중인 아버지에게 면회를 간다. 집으로 가는 동안, 집에 있는 동안에는 짧은 이야기들이 오가게 되고, 밤에 커튼을 치는 것과 더이상 딸을 알아보지 못하고 전화로 장황하게 이야기를 하는 아버지에 대한 어머니의 책망이 뒤따른다. "그는 우리 사이의 허공에 있는 누군가를 향해 격렬한 말들을 쏟아내고 있다. / 그는 자신만이 아는 (…) 언어를 사용한다. / (…) 3년도 더 전부터 지금 이 순간까지."

시간은 두 배의 속도로 흐르며 아버지를 변화시킨다. "병원에 온 이후로 그의 육신은 그저 뼈의 집으로 쪼그라들어버렸다 ― / 양손만 빼고. 손은 계속 자라고 있다." 매우 비슷한 손이 카슨의 「취침용 돌에 대한 짧은 이야기」에 유령처럼 등장한다. 이 책에 등장하는 여러 다른 곤경들은 언어능력의 장애와 관련되어 있다. 어떻게 "모욕을 (…) 생각하면 성대가 부어오"르는지(「꽃따기에 대한 짧은 이야기」)와, 요양원에서 말을 하지 말라는 지시를 받았던 카프카의 경우처럼 "온 바닥에 유리 문장들을" 남기는 목소리의 억압(「바로잡음에 대한 짧은 이야기」)과, 또한 암호로 표현되는 저항의 말, 자기기만, 죄짓는 일 혹은 사기치는 일, 그리고 축출을 포함한 처벌의 형태들과 말이다. 또한 운명과의 싸움, 운의 격변으로 인한 쓰라림, 과거와 현재가 녹아들며 자리를 바꾸는 인생에서의 잔해의 대립(「여행을 어디로 갈 것인지에 대한 짧은 이야기」), 그리고 "깊은 웅덩이에서 겨울을 나는" 몇몇 "'남아 있는 송어'"의 경우처럼 죽을 고비를 넘긴 생존(「송어에 대한 짧은 이야기」)도 있다. 뇌졸중 후의 착어증[8]으로 언어능력이 뒤죽박죽되어버린 내 어머니를 방문하며, 나는 시의 박식한 배역 선정에 연료를 공급해줄 분노를 느낀다.

*

『유리, 아이러니 그리고 신』에 수록된 카슨의 널리 알

---

[8] 생각과 다른 말을 하는 실어증의 일종.

려진 에세이 「소리의 성별」이 여성의 성적 쾌락, 화산 같은 슬픔, 가열되어 엉기는 분노에 관한 사회적 숨막힘을 살펴보고 있긴 하지만, 『짧은 이야기들』은 성별의 구체화는커녕 몸을 거의 등장시키지도 않은 채 산뜻하게 연단에 오른다. 결국 신체적 공포에 시달리는 일련의 시각적 '**누드들**'로서의 슬픔과 분노, 굴욕을 보여주면서 끝나고 마는 「유리 에세이」에서의 낭만주의적 팬터마임과는 달리, 『짧은 이야기들』에서 카슨은 몸의 한계 너머로 도약하면서 대신 목소리의 기괴하리만치 변하기 쉬운 유동성 쪽으로 방향을 튼다. 피부와 살의 외형 없이, 자아는 영속성을 가득 품은 채 여전히 유창하다.

당신이 손에 들고 있는 이 책―『짧은 이야기들』―은, 내가 제안하건대, 온타리오 북부 광산촌에서의 정신적 겨울을 젊은 시절의 카슨이 청년 시절에 구현해낸 것의 온전한 조형력에서 생겨난 슬래그 같은 시적 발화의 한 독특한 형태이다. 카슨이 활동 초기에 동시에 썼던 텍스트들을 오가며 읽어보는 것, "불가해하다"라는 말을 갈수록 더 듣고 있는 한 작가의 명성을 조사해보는 것, 지구물리학적이고 메타비주얼적인 세계에서의 격렬한 형성을 포함한 그의 문학적 태생의 과정들을 탐구해보는 것은 매력적인 일이다. 『짧은 이야기들』에도 겹쌓여 있듯, 카슨의 작품군은 들판, 그리고 공업이 발달한 온타리오의 기원을 반영하는 외과적이며 눈부시게 밝은 이미지의 기층을 계속해서 채굴하고 있다. 그리고 우연인지 고의―고전주의의 심술로 인한―인지는 모르겠으나, 전 세계에서 가장 오래된 물이 2013년에 티민스 지하 2.4마일 지점의 심부 채광 시추공에서 솟구쳐나오며 발견되었다.

2014년 서드베리에서
마거릿 크리스타코스

옮긴이의 말

『짧은 이야기들』에 대한
짧은 이야기

『짧은 이야기들』은, 이제 우리에게도 어느 정도 알려진 캐나다의 시인이자 고전학자 앤 카슨이 1992년에 출간한 이른바 첫 '시집'이다(1984년에 「카니쿨라 디 안나」가 시집 형태로 출간되긴 했으나 이 시집은 다른 시인들의 작품이 함께 수록된 선집이었으며, 카슨의 첫 단행본은 박사논문을 개작해서 1986년에 출간한『에로스, 달콤쌉쏠한』이었다). 카슨의 다른 책들이 그러하듯 편의상 시집으로 분류되고 있긴 하지만, 사실상 그 어떤 장르의 울타리에서도 벗어나 있는 책이라고 하는 게 맞을 것이다.『짧은 이야기들』에 수록된 작품들을 '아포리즘'으로 부르든 '수수께끼'로 부르든 아니면 어떤 통찰을 담고 있는 '산문시'로 부르든 그것은 부르는 사람의 자유이겠지만, 정작 이 작품들은 그러한 도식적인 분류에서 늘 유유히 빠져나간다.

『짧은 이야기들』이 출간된 해인 1992년에 카슨은 마흔두 살이었다. 첫 시집이 이렇게 늦게 나온 이유는, 여러 장르와 스타일을 뒤섞은 카슨의 작품이 인정받기까지 꽤 긴 시간이 걸렸기 때문이다. 캐나다는 여러모로 낯선 카슨의 작품에 그리 호의적이지 않았으며, 1980년대 후반에서야 미국의 몇몇 문예지에서 카슨에게 작품 청탁을 하기 시작했다. 그 결과로, 캐나다의 시집 전문 출판사인 '브릭북스Brick Books'에서 『짧은 이야기들』을 출간하게 된 것이다. 그로부터 무려 이십삼 년이 지난 2015년, 『짧은 이야기들』은 '브릭북스 클래식' 시리즈의 첫번째 책으로 편입되면서, 마거릿 크리스타코스의 긴 서문과 카슨의 간결한 후기, 그리고 한 문단이 늘어난 카슨의 서문과 함께 재출간되었다. 이 책은 이 2015년판을 옮긴 것이다.

『짧은 이야기들』에는 흥미로운 관련 일화가 있는데, 그 이야기는 무려 카슨이 처음 글을 쓴 초등학생 시절까지로 거슬러 올라간다. 2002년의 『파리 리뷰』 인터뷰에 따르면, 카슨이 초등학교 2학년이었을 때 미술 선생님이 학생들에게 헛간 앞뜰을 그리라고 하면서, 원하는 사람은 그림을 설명할 이야기를 덧붙여도 좋다고 말했다고 한다. 그때 카슨은 난생처음으로 글을 쓴 것이다.

놀랍게도 이러한 작업은 이후에도 계속되어, 결국 카슨의 첫 시집으로까지 이어진다. 그러니까 『짧은 이야기들』은 원래 그냥 짧은 제목만 달린 그림들이었다고 한다. 그것도 종이가 아니라 녹슨 철판 같은 데 그린 그림들. 그런데 시간이 지남에 따라 그림들의 제목은 점점 길어졌고, 그림 자체에는 누구도 관심을 가져주지 않았으므로, 결국 그림은 사라지고 길어진 제목만 남고 만 것이다.

이처럼 그림에 관심이 많은 카슨에게, 영감은 늘 어떤 '모양'으로 찾아온다. 그러므로 카슨의 작품이나 책에서는 늘 시각적 요소가 중시될 수밖에 없다. 『짧은 이야기들』의 경우, 분명 우연이겠지만, 각 작품들은 이 책의 출판사 이름처럼 벽돌brick을 닮아 있다. 물론 어쩔 수 없이 맨 밑바닥이 꽉 차 있지 않은 불안정한 벽돌들이 많긴 하지만, 그래도 분명 벽돌은 벽돌이다. 그것은 거의 사각형이고, 꽤나 견고해 보이며, 절대 한 페이지 이상을 넘어가지 않는다(두 페이지에 걸친 벽돌 건물은 분명 좀 이상해 보일 것이다).

간결하면서도 기묘한 이 벽돌들. 고도로 지적이고 유희적인 이 벽돌공이 쌓은 벽돌들은 시각적으로는 꽉 찬 것처럼 보이나, 그것은 카슨이 이 책 어디선가 말하듯, 실은 '언어의 그루터기'에 불과하다. 무언가 중요한 것이 잘려나가버린 듯한, 하지만 그루터기로 남음으로써만 모종의 진실에 더 다가갈 수 있다고 말하는 듯한 작은 벽돌들. 카슨이 벽돌을 쌓으며 만들어내는 것은 견고하고 완전한 벽돌집이 아니라 그 벽돌들 사이의 틈과 균열이다. 『짧은 이야기들』은 태생적으로 결핍된 작품이다. 하지만 그 결핍된 틈 사이로 예리하고 명석한 빛이 비집고 들어와 늘 어딘가로 도달한다. 이 책을 처음 읽었을 때 머릿속 구석에 들어와 고인 빛, 그 빛은 아직도 사라지지 않은 채 그 언저리에서 환하고 느릿느릿하게 꿈틀대고 있다.

카슨은 때로 꿈에서 만난 문장을 기록한다고 한다. 잠에서 완전히 깨어나서 본 그 문장은 보통 헛소리지만, 가끔은 또다른 세상으로 가는 열쇠처럼 보일 때도 있다고 한다. '또다른 세상으로 가는 열쇠'가 되어주는 문장. 다름 아닌 그런 문장을 읽기 위해 우리는 책을 읽는다. 우리를 또다른 세상으로 데려다주지 않는 독서란 대체 무슨 소용이란 말인가. 카슨은 또 말한다. "지루함을 피하기 위해서라면 나는 무슨 일이든 할 것이다. 그것은 인생의 과업이다"라고(「서문」 중에서). 지루함을 피하기 위해서라면 무슨 일이든 할 수 있는 건 우리도 마찬가지다. 앤 카슨의 책을 읽는 일이 그런 '무슨 일'들 가운데 하나가 될 수 있었으면 좋겠다.

황유원

짧은 이야기들

1판 1쇄 발행 2021년 9월 30일
1판 2쇄 발행 2021년 12월 15일
2판 1쇄 발행 2025년 10월 7일

지은이 앤 카슨
옮긴이 황유원
책임편집 권현승
편집 유성원 정가현
표지 디자인 퍼머넌트 잉크
본문 디자인 최미영
저작권 박지영 형소진 주은수 오서영 조경은
마케팅 정민호 박치우 한민아 이민경 박진희
  황승현 김경언
브랜딩 함유지 박민재 이송이 박다솔 조다현
  김하연 이준희
제작 강신은 김동욱 이순호
제작처 영신사

펴낸곳 (주)난다
펴낸이 김민정
출판등록 2016년 8월 25일
제406-2016-000108호
주소 10881 경기도 파주시 회동길 210
저작권 및 독자 문의
copyright_nanda@munhak.com
작가 섭외 및 행사 문의
innanda@munhak.com
페이스북 @nandaisart
인스타그램 @nandaisart @mohobook
엑스 @wingedpoems
문의전화 031-955-8875(편집)
  031-955-2689(마케팅)
  031-955-8855(팩스)

ISBN 979-11-94171-97-3 03840

◇ 이 책의 판권은 지은이와 (주)난다에 있습니다.
◇ 이 책 내용의 전부 또는 일부를 재사용하려면 반드시 양측의 서면 동의를 받아야 합니다.
◇ 난다는 (주)문학동네의 계열사입니다.
◇ 잘못된 책은 구입하신 서점에서 교환해드립니다.
  기타 교환 문의: 031) 955-2661, 3580